민용태 시집

가을 시

시인의 말

　나이가 들면 말이 많고 무겁다. 가볍게 가자. 늘 내게 하는 말.

　시간은 무겁다. 나이는 무겁다. 몸보다 마음이 더 무겁다. 무겁게 점잖게 쓰는 것은 누구나 하는 일. 이력서를 보지 않아도 순간 순간 젊지 않아지니까. 나이 들면 몸까지 무거워지니까.

　구태여 중요하고 위대할 필요 없다. 숨 쉬고 살아있는 것보다 중요한 일은 없다. 이미 노벨상도 젊은 후배가 탔으니 이제 한 짐 덜었다.

　풀이나 이파리나 꽃은 다 가볍다. 살아있는 것은 다 가볍다. 살아있는데 엄숙하고 무거운 것은 죽어가고 있는 징조다. 무겁거나 무섭기로는 시체가 최고이다. 나는 죽어도 시체는 싫다. 기어이 시로 남아있겠다.

　무거우면 땅 밑으로 간다. 땅 밑으로 가는 것은 살아있는 진리가 아니다. 무덤이다. 하늘이 그리우면 새처럼 발자국을 가볍게, 하늘 하늘, 하하하….

시인의 말 3

1부
외계인 12
가을 시 14
까르르 15
여기, 시 16
간이역에서 17
시인 18
한 식구 19
3차 백신 20
길가에서 21
사랑은 높이차기 22
산사 23
수초낚시 24
가을을 나는 25
샛별 26
친한 친구 치매에 걸려 27
천년 은행나무 장수 비결 28
좋은 날 29

2부

그믐달 ... 32
다람쥐 ... 33
웃음 ... 34
코로나 19 ... 35
너와집 ... 36
아침 산행 ... 37
청풍 차리 차돌의 역사 ... 38
독수리 타법 ... 39
11시 독수리 ... 40
연륜 ... 41
생일상 ... 42
리버사이드 스토리 ... 43
0시의 산책 ... 44
나비 ... 45
복숭아 먹기 ... 46
하늘 그림 ... 47
절벽 ... 48
이슬 하나 별 하나 ... 49
박새 ... 50
내 피의 절반은 곰일세 ... 51
그림자놀이 ... 52
배가 나온다 ... 53
도롱테 ... 54
피라미 낚시 ... 55

3부

시인의 서재는 창문을 반쯤 열어 놓는다	58
개망초	59
제비꽃	60
꿈이 시인이다	61
코스모스	62
대머리	63
인기 없는 시인	64
단풍놀이	65
쓰레기	66
베짱이	67
아침마다 환생	68
시간의 기원과 기적	69
갈대꽃	70
고향에 가면	71
111세 이딸리아 노인	72
시와 술	73
해바라기	74
하루 하루 참 좋은 하늘	75
이구아수 "악마의 목구멍"	76
주먹은 머리가 없다	77

4부

아침 밥상	80
띠풀	81
비	82
무지개	83
둠벙	84
프랑코 시절 스페인	85
마드리드 단풍잎	86
비야 비야 비야	87
ㅅ자 돌림굿	88
지푸라기	89
시인의 시간	90
나무늘보	91
강우식에게	92
스타게이트	93
채식주의자	94
알프스 소녀 하이디	95
36세	96
귀뚜라미	97
세상은 ㅅ 자가 둘이다	98
룸바	99
검은 스테이크	100
통영	102

민용태 시집

가을 시

1부

외계인

불멸에의 목마름 Sed de inmortalidad
-미겔 데 우나무노 Miguel de Unamuno
시는 나이 어린 여린 소녀 La poesia,doncella tierna de poca edad
-미겔 데 세르반떼스 Miguel de Cervantes

내가 어찌 80 선에 섰는가
발은 8자 걸음
숨은 내 안에서 뛰고 있는데
지난 시간이 안방을 다 차지하고
문득 난 밖에 서 있다
황사보다 하늘과 구름이 더 좋다
밤보다 별이 더 좋다
나는 어느 은하에서 왔는가
나이 들수록 은하수에 대한 목마름이 더해간다
젊어지는 샘물은 초등학교 교과서 밖에서 나오지 못한다
교과서는 80이 넘으면 남의 나이라고 하고
나와 나이는 이미 끝났는가
나이야가라는 하늘 끝까지 손가락질하는데
하늘 끝에서 끝내 떨어지는데
나는 나와 나이 밖에 서서
나이 어린 여린 소녀를 기다린다

비가 와도 눈이 와도 은하열차가 와도

가을 시

가을은 시
빨간 낙엽, 또는 가을 비
울지 않은 우산은 없다

마른나무 손가락 컴퓨터를 맡고
나는 그저 나무 위에
올라앉은, 서글프리 만큼 고운
초승달, 그믐달
닮은 가랑잎
현기증 나게 아름다운
소녀의 속눈썹이여

그러나 무엇보다 가을 시는 홍시
눈물도 입술도 닿으면 터지는
시, 아름다움 한 입

까르르

까르르
너의 웃음 속에는
배냇아이가 목을 젖히고 웃는다
햇살이 쏟아진다
세상이 허리를 못 쓰고
너의 웃음 밑에 엎드린다

까르르
까짓것 인생 별거냐?
목 젖히고 목숨 젖히고
하늘 맞보고 막 웃기!

여기, 시

숨 쉬며 산다
손에 들고 나는 꿈
속에 들고 나는 나비
발자취 없다
새는 발보다 날개가 크다
물보다 하늘이 좋다
꿈은 하늘에 두고
여기 있다, 나는
서울 강동 상일동 삼성그린빌라 101-203

간이역에서

할머니가 칠성님께 치성드려
나를 낳았다고 한 걸 보면
나는 북두칠성이나 북극성 사이
간이역쯤에 있다
끌려 나온 것 같다
밤만 되면 뜰에 나가 별을 보는 것도
고향을 그리워하는
나를 교차로나 별똥별쯤으로 보는 것은
이 눈, 이 영원의 반짝임을 몰라서이다
이것은 내가 태어난 고향이
능주와 이양 사이 간이역 풍암리, 청풍
고인돌이 집 앞마당에 뒹구는 것만 보아도
내가 얼마나 오랜 고귀한 존재인가를 알 수 있다
고인돌에는 북두칠성 별자리가 그려져 있다
운주사의 돌로 새겨진 칠성석에 누우면
고향 아랫목에 누운 부처처럼 편안하다
별이나 돌이나 불이나 물이나
거기서 거기, 거기 어디
간이역쯤에 서 있겠지
먼 은하 열차 기다리며

시인

시인에게 싫은 말은 말라
여인에게 쉰 말은 말라
아름다움은 쉬 가고
쉰 것은 가고 오지 않는
삶은 삶은 달걀
간 이는 돌아오지 않는다
오지 않는 것은 뒤통수가 없다
구름이나 메아리

시인은 메아리를 먹고 산다
매미나 메뚜기를 먹고 산다
시인은 채하는 일이 없다
책 값이 얼마냐고 묻지 말라
시집이 얼마나 팔렸냐고 묻지 말라
시인에게 싫은 말은 신에게도 싫다
시인이 신이 아닌 것만으로도 충분히 고독하다

한 식구

아침 해가 까만 솥뚜껑 열기 전부터
짹짹짹 밥 달라고 참새 새끼들 소리친다
시냇물 쫄쫄 입맛 다시고
느티나무는 멀찌감치 뒷짐 지고 헛기침한다

은하수에서 물 길어와 지은 햅쌀밥
햇살이 8할이다. 산들은
고봉으로 한 두 그릇 차지하고 서 있고
파도는 손뼉 치며 여기도 입 있다고 소리친다

샛별이 새초롬하게 하늘 가에 서 있다
별아, 너도 그렇게 밖에 서 있지 말고
바람아, 너도 그만 설레발치지 말고 여기 와 앉아
우리 다 하늘 아래 한솥밥 먹는 한 식구 아녀?

3차 백신

코로나 시대 제일 바쁜 게 인형이다
인형이 사랑받는 건
언니가 하루 종일 나갔다 올 때
헤어짐만큼 뜨거운 만남 때문이다

코로나 시대 코는 너무 뜨거워
군불로도 사라지지 않아
창문 열고 닫고 해를 꺼도
부부 계약서는 제자리

3차 백신에 결혼 끝 행복 시작
돌파 감염이 포장마차에서 또 불붙었네
이거 홍합 한 사발 정도로 끝내면 안 될까
그믐달이 달보다 뜨거워

길가에서

술 먹고 들어가면
집에서는 개 취급한다
의자까지 발을 건다

밖에서는 개가 즐겁다
길 가다 왼발을 들면 전봇대가 곁을 준다
그 밑 떡갈잎 깔깔깔 웃는다

더러 비가 귓속을 적시기도 하지만
까만 하늘 아늑하다
골목 가로등 불을 켠다

사랑은 높이차기

외발
곧추선 메타세콰이어
G선 그리움 끝
까치집
별 깃든다

산사

눈 내린다
사슴 혼자 간다
그림자 혼자 간다
처마에 풍경 소리
눈 혼자 간다

수초낚시

이른 봄은 수초낚시가 최고
마른 갈대 사이에 숨어 수초에 낚시를 던진다
갈대에서 갈대로 가는 갈대
수초는 물에 머리를 풀고 눕는다
갈대가 바람 결에 눕는다
수초에게는 바람도 물도 하나다
물도 입도 하나다
물결에 흔들리는 가는 몸들
어느 것이 물, 어느 것이 풀?
찌가 올라온다 찌가 내려간다
재빠른 챔질! 잡았다!
잡는 기쁨 놓아주는 행복
하늘 물에 삶도 죽음도 하나다

가을을 나는

가을을 나는
기러기
길이보다는 깊이
슬픔보다 높이 나는
구름보다 낮은
마른 잎
하늘 하늘 나는
시를 나르는
날개

샛별

여보야, 구름 가득 깜깜한데 이마 위 별 하나 반짝여
샛별이야
무슨 새 별? 구름 속에?
그러니까 더욱 샛별이지

그보다 더욱 기분 나쁜 건 모두들 좌파이고, 자기만 윤 대통령 좋다 해서 힘들었단다
누구 녀석이 좌파여야 문화 예술을 사랑하고 국민을 위한다고 했단다
지랄하고 자빠졌네. 좌파 예술은 혁명 선전이야, 좌파와 좌판엔 가난과 선전과 먹구름만 좌악 펼쳐져 있어. 폭풍우 몰고 오는… 짜아식들, 계속 그러면 이 태권도 7단이 한 방에 박살 낸다고 그래!

아내는 이내 잠이 들었다
새근새근 코 위 샛별이 반짝

친한 친구 치매에 걸려

나야 나
해도 해처럼 바라보던 네가
네가 너냐
내가 치매라니… 내 차 몰지 말래, 아들이
그리고 칠 년
요양원에서 갔다 왔다 살아 있다고…
그래서 네가 좋아하던 "우리 횟집"에서 만났지
회 먹고 소리치고, 살아있는 회가 왜 눈이 없어?
그러다가
무슨 회가 화가 안 나?
야 쌍, 와사비 더, 주인장!

천년 은행나무 장수 비결

아무 하는 일 없다
아무 데도 가지 않는다, 맨땅에 맨발로 서서
바람이 팔을 잡고 나대지만
금방 손사래
땅에서 물 끌어 올려 머리까지 뒤집어쓰고
건너편 여자 나무에게 윙크
저쪽은 좀처럼 미소를 보이지 않는다
밝은 달 맑은 바람 말이 차다
별똥별이 머리 위로 쏟아진다
별빛 뒤집어쓰고, 은행잎 들고
밤낮 소녀들과 화투 놀음 신선 놀음에
도끼자루 썩는 줄 모른다

좋은 날

살은 물살
저녁마다 일렁인다
살은 햇살
아침마다 반짝인다

이것이 무엇?
내 살 내 삶
거꾸로 선 시냇물

목숨은 숨
숨이 살고 물살 일고
햇살 비치면 웃음보 터진다

살맛 나는 날 오늘
날아간다 날마다 나는

2부

그믐달

미칠 시간도 없이
미적 미적 시간만 만지다가
그믐달 되어
떠 있는 나를 본다
미련 없다
빌려 쓴 인생 비싸게 쓰고
감사와 사랑만 가득 안은 채
눈물 쪼끔
발톱 칼처럼 허공에 떠

다람쥐

멀리서 보면 다 피라밋
가까이 보면 돌무덤, 돌탑
천에 하나 거기 다람쥐가 온다
천 날을 기다려도 무지개는 뜨지 않는다
어느 날 문득 네 눈이 뜬다
늘 여기 있었다는 것처럼
무지개 달고

기다림의 시간은 쥐가 모두 갉아먹고
내일의 새도 쥐가 모두 잡아먹고
텅 빈 하늘에 눈발이나 쌀겨 날릴 때
그러니까 추수가 끝난 논바닥에 이삭줍기하는 참새처럼
참새 사촌인 다람쥐가 온다
가지와 가지 사이 무지개 놓고

한 마리 땅쥐, 하늘다람쥐가
돌탑 위에 선다
피라밋 위에 선다
해돋이 해처럼

웃음

웃음은 늙지 않는다
웃음은 얼굴을 깨고
귀에 붙어
파도친다 수평선을 향하여
손뼉을 치면
목젖 끝 해가 뜬다

코로나 19

인류는 일류 아니다. 인류는
3류, 우주 3등칸 한구석 안
안 보이는 미세먼지
아무도 안 보인다고 아무도 없다고 큰소리치고
큰 거, 일류만 찾다
안 보이는 것에 목 졸려 콜록거리는 지구
우울의 우물 속
마스크에 갇힌 개구리
개구리보다 외로운 버들잎
떠 있는 눈썹 하나
하늘 바라고 서 있다
문득 재채기에 별이 깜박 깜박
눈이 깜박인다
손을 흔든다

너와집

너와 나는
맨날 가슴 골짜기 불 지르고 사는 화전민
늦여름 지나 너 돌아오면
구름 잔뜩 이고 너와집 살자
200년 넘은 소나무 송판
얇은 참나무 껍질 지붕
너와 나의 너와집
달 뜨면 달빛 너울너울
창살 넘어오고
해 뜨면 참나무 껍질 사이
햇살 비집고 들어오는
너의 집. 너와집, 우리가 사는
심심하면 한나절 하늘 마실 오는

아침 산행

아침 일찍 산길은
새소리가 바닥을 쓴다
솔잎이 바람을 빗질하면
산 식구들 신갈잎보다
먼저 웃고 깔깔댄다
바위를 닦달하는 산골짜기 물소리

건너편에서 구름도 손짓한다
들숨은 들새처럼 하늘에서 온다
날숨은 바람
우주 속에 우산이 무슨 필요?
하얗게 웃으니
사랑니 햇살이 낀다

청풍 차리 차돌의 역사

주민등록증 번호가 어렵듯이
어렵게 보이는 것이 나의 본적 주소
시간과 공간 우주의 눈에서 보면
별이 눈에 까물거리듯이
그렇게 멀다 내가 내게서

나는 화순 청풍 차리 골짜기에 떨어진다
1943년 1월 1일, 일본제국 신민
어릴 적 일본말은 우리말보다 잘했단다(어머니 증언)
우리말 공부는 철수와 영이와 초등학교 1학년부터 열심히 했는데
학교 "학예회" 때, 내 이빨이 서너 개 빠져 얼버무리는 소리로,
"꼬부랑 개 꼬부랑 똥을 먹다가
 꼬부랑 할머니가 꼬부랑 개 등을 탁 때렸걸랑요
 꼬부랑 개가 꼬부랑 깽깽 꼬부랑 깽깽 뛰어갔어요"

그때 그 이빨 빠진 개호랑이 제 새끼가 제일 이뻤다고 한 어머니는
저세상으로 가시고 이 세상에 날 이뻐할 사람은 강아지밖에 없다.

독수리 타법

독수리 한밤중 자판을 두들긴다
깎아지른 절벽 먹이사슬 맨 위
눈앞을 가로지르는 빈 화면이 다가온다
굶주린 발톱이 암각화를 그린다
눈과 날개가 나의 존재감
실존은 늘 터널보다 어두운 밤길이었다
깃털 하나 허공에 뜬다
살아있는 오늘 나 인증샷?

11시 독수리

밤 11시 넘어 이 시를 쓰고 있다
오른손 가운데 손가락이 독수리 부리
이 글자를 지켜보는 눈과 돋보기안경
그리고 이 컴퓨터 자막. 그리고 전기
이들이 나의 시를 쓰고 있다, 그러니까
전기나 뮤즈는 나의 생각이고
나는 독수리 돋보기로 밤을 뚫고 있다
이렇게 말하니까 기분이 좋다
하지만 나는 시를 쓰는지 쓰지 않는지 모른다
빠블로 네루다는 시인에게 어떤 예언자적 본능이
시인인 나를 움직이게 한다고 하지만
한밤중 나는 나를 노리는 독수리
나의 존재의 팩트는 오리무중
하지만 보라, 이 짙은 안개 속
손가락 하나 먼 곳을 향하고 있다
동녘이 **빨갛게** 터오를 때까지

연륜

나무는 나이를 몸에 새긴다
안으로 새기는 기쁨과 아픔은
동그랗다, 웃는 입처럼
비와 쌀이 많은 해는
나이테와 웃음이 너그럽고 두텁다
가뭄이 심한 해는
타는 목의 선이 가늘고 가냘프다
나이와 나이테가 쌓이면
주름이 깊어진다
굵고 두꺼운 훈장, 휘장 내려놓고
무념무상(無念無想) 구름에 잠긴
양평 용문사 1000년 은행나무

생일상

하늘을 알고
(공자의 말대로면)
온 세상 마음대로 누워도
이불도 구름도 걸리지 않는 나이를 넘어
80을 먹는다
생으로 먹는다
과일을 먹는다
온다는 나이 어린 여린 소녀는 오지 않고
나이를 먹는다
나이프를 먹는다
번개와 무지개가 온 목구멍에 아프다

리버사이드 스토리

총알이 비 오듯 쏟아지는 한강 철교 옆
한밤중 세찬 눈발을 뒤집어쓰고
위스키를 오바에 감추고 들어서는 한 여인이 있었지
사실 총알처럼 쏟아지는 것은 나이트클럽 불빛이었고
고향이 남쪽이라는 여인, 내 곁에서
위스키 한 병 값이 10만원이라는 소리를 듣고
어머 너무 비싸요, 잠깐 사라진 뒤
억수로 쏟아지는 빗살 총알을 뚫고 어디서
술 한 병을 통째 사 들고 온 여인
그 여인이 백발이 성성한 지금 내 아내
총알도 피난도 눈발도 잦아진 시방 그때도 아닌데
왜 내가 하필 잔소리 많은 이 여자를 택했을까 생각하는 지금
또다시 6.25가 다가온다, 빗발치는 총알 사이
눈보라를 뚫고 흰 쌀밥 들고 어머니 방공호로 기어들어온다

0시의 산책

아내가 한밤중에 산책을 나가잔다
밤 0시에 달맞이도 아니고 무슨 산책?
아직 12시야. 저녁 먹은 게 속이 더부룩해
이렇게 해서 우리의 낭만 아닌 낭만적 산책은 시작되었는데
달은커녕 하늘은 먹구름, 귀뚜라미 대신 자전거 불빛만 반짝인다
얼마 전 도로 공사한다고 산을 파헤치더니 그래도 도로가 상당히 넓어졌다
밖에 나오니 기분이 한결 낫네. 아내가 손을 잡는다
이렇게 손잡고 데이트하던 것이 몇 년 만이야?
사는 게 산문이고 어수선하고 밥 먹고 나이 먹고…
그런데 속이 자주 불편해?
당신이 언제 속 편하게 해 준 일 있어?
이러다가 산책길이 시궁창이 될까 싶다. 공중화장실 옆 두 개의 가로등 옆에서 U턴을 한다
아내의 얼굴이 보름달은 아니어도 일그러진 반달은 되는 것 같다
함께 운동해 주어서 고마워
옆사람 손이 영원처럼 따스하다

나비

나이 들면
나비
빈 뜰을 난다

나비야 나비야 이리 날아오너라
호랑 나이 흰 나이 춤을 추며 오너라

복숭아 먹기

복숭아에는 육즙이 아니라
과즙이 있다. 보오얀 잔털에 싸인
발그레한 꼭지에 입술을 대면
안으로 젖 흐르는 소리가 난다
우윳빛 가파른 숨결

무릉도원은 없다
과식 주의보!

하늘 그림

구름이 한없이 책장을 넘긴다
글자가 하나도 없다
팔만대장경은 원래 백지 한 장?

*"萬千金保藏 元是一空紙", 西山大師의 悟道頌을 읽고

절벽

산다는 것은 어차피 절벽 타기
시를 쓰다 잠든다
60세도 죽고 80세도 고랑고랑하는
판도에 붙어 나는
조금 위태롭게 슬프다. 슬프면
나도 곧 가는지
(아니지, 나는 133살에 가니까) 그러니까 죽은
친구의 친구는 슬프지 말라고 자꾸 경고한다
슬프지 않으면 슬픔에 옹이가 생겨
오름의 끄덩이가 될까, 절벽 오르는
옆에도 죽고 뒤에도 죽고 위에도
앞에도 죽는 낭떠러지에 나는
무슨 풀뿌리를 물고 하늘을 봐?

이슬 하나 별 하나

동에서 떠서 서로 진다, 해는
동에서 동이 튼다
서에서 서리 맞는다
만난다 꽃핀다
진다 가을이다

이 가을에는 별이 많다
스페인의 안또니오 우르따도, 미국의 필립 실버, 그리고 내 술친구 서울신문 김문
모두 하늘로 이사갔다 이슬 되어
속눈썹은 늘 떨고 있다
잘 갔다 와, 빠이 빠이

박새

목에 하얀 스카프 길게 늘어뜨린 작은 요정
(성이 박씨인 것을 안 것은 요즘이다)
철쭉나무 잔가지 사이 아기자기
박새는 벌보다 별빛을 쪼아먹는다
이끼와 풀뿌리, 이슬로 조그만 동그라미를 만들고
동그란 알을 낳는
박새는 눈망울 초롱초롱한 소녀

오페라처럼 큰 것만 아름다움이 아니다
작은 숲 철쭉꽃 사이 작은 새도 진짜 이쁘다
새는 박씨, 박새
시 중에서도 찐 작은 서정시

내 피의 절반은 곰일세

  곰곰이 생각해보니
  나는 안 죽을 것 같다
  첫째, 나는 숨 안 쉬고 3분 이상 참지 못 한다
  둘째, 나는 눈 안 뜨고 3일 이상 있지 못 한다
  내 장례식에 누가 왔는지 누가 안 왔는지 두 눈으로 확인해야 하니까
  셋째, 나는 그 차갑고 딱딱한 관 속에서 오랫동안 누워 있지 못 한다

  그러나 곰곰이 생각해 보면
  나는 안 죽을 것 같다
  죽음이 내 이름을 분실물함에 넣고 잊어버릴 수 있다
  하늘이 로또 복권함에 늘 내 숫자를 빠뜨리고 가듯이

그림자놀이

그리움은 그을음이다
울음 없는
시간의 그림자

아버지는 공책을 찢어 ㄱ 자를 만들어
손 등 위에 침으로 붙이고
호롱불 뒤 벽 위에 그림자놀이를 펼쳤다
에에헤 이이어… 나그네
건들 건들 재 넘어 가면

그 사이 저녁밥 하는 어머니
신기해하는 우리를 보는
입에서는 웃음보가 터지고
호롱불 천정에 그을은 시간
이승과 저승 사이 너울대는 거미줄이 되었다

해어름 녘 그을음
아버지와 나, 두 그림자
달 속에 우두커니 서 있다

배가 나온다

배가 나온다
나 멀리 갈 생각 없는데
배가 벌써 나와 있다, 바지 밖에
바지 선 너머에
내가 스모 선수도 아니고 선수 칠 이유도 없는데
이 배가 무슨 일본 갈 배냐?
물음표는 배만 더 늘리고
흰쌀밥 맘대로 먹고 맥주 맘대로 먹고 싶은 것 맘대로 하고
뜻 없이 나 없이 사는데
배가 나와 있다
사람들 잦은 인사와 잦은 바가지 바지 올리기와
여름 해변에 여자들 눈치 보기
이 정도로 내가 내 배를 포기할 내가 아니다
결국 술과 살이 살찌우는 거
야, 배야 나와라. 너 살고 나도 살자
그러다 피안에 닿으면
배는 버려야지
달마처럼
달에

도롱테

나이?
나이 티 내지 마
나이테 내지 마
나이테가 보이는 나무는 죽은 나무
도롱테가 보이면 멈춘 수레
시골 아이들은 도롱테를 굴리며
학교 마당을 돌았지
도시에서는 굴렁쇠를 굴렸다지만
나무이건 쇠이건
그때 나이는 무조건 올리는 연이거나 굴리는 굴렁쇠였으니까
굴리다 보면 무어든 무지개
아이들 웃음소리 하늘을 찌른다

피라미 낚시

유월 피라미는 큰물이 지고 난 뒤에 잘 나온다
큰물이 잡동사니며 잡생각이며 쓰레기를 쓸고 간 뒤
개망초며 여뀌풀이며 여론이며 이론을 쓰러뜨리고
시냇물 철철 청정한 목소리를 되찾을 때
피라미들이 몸을 낮추고 여울목에서 눈을 반짝인다
낚시꾼은 갓 모내기 한 논에 뛰는 새끼 메뚜기를 미끼로 피라미를 노린다
피라미가 햇살을 치며 공중에 날아오를 때
소년의 키는 한 치씩 자란다
피라미는 무지개를 휘두르며
피라밋을 올린다, 소년의 어깨 위

3부

시인의 서재는 창문을
반쯤 열어 놓는다

도시에 살면 창문을 열어 놓고 잠들기가 불안하다
미세먼지도 자동차 클랙슨도 창문을 넘본다
앞집 3동의 임 회장 댁도 오후 7시에 도둑이 들었다
국회 의사당까지 온통 도둑뿐인 세상에
내가 내 서재 오른쪽 창문을 열고 자기로 한 것은
나도 믿는 구석이 있어서다
우선 우리 집은 우리 동네 거북바위 산신령의 직접 관할지역이다
둘째 수천 번 강태풍에도 무너지지 않은 높디높은 아카시아가 나무 끝에서
까치 부부의 사랑이 우리 집을 계속 지켜보고 있다
셋째 일자산의 세 산 봉우리가 우리집을 지킨다
이야기가 다 끝났으면 나도 자야 할 시간이지만
창문은 반쯤 열어 놓는다
밤새 노래하다 지친 풀벌레나 잠 덜 깬 새벽별
잠깐 눈붙일 곳은 있어야 하지 않겠어요?

개망초

오래 살라고 아이 이름을 개똥이라고 했던 것처럼
이 풀이름이 개망초란다
개망초라니, 이 무슨 개망신이야
"신"이 아니고 풀 "초"예요
이희영 시인의 이 말, 신이 풀이라는 말처럼 들린다
아침마다 가는 등산길 오른쪽 산자락
그 많은 무덤들 젖히고 개망초가 무성하다
개망초는 그 큰 키까지 갓 쓴 선비 스타일이다
선비치고는 허리가 자주 꺾여
피라미 꿰어 차고, 갈 지자 걸음으로 갈 자격은 없고
심술이 많아 낚시꾼 발이나 거는 들판 깡패 정도
그런 형편 없는 친구가 좋은 친구 다 죽었는데 살아 남아
나의 등산길 오른쪽 옆구리 쓸쓸함을 푸르름으로 채운다
개똥인지 개망초인지 개망신인지 살아있음이 이렇게 반가울 수가 없다
  좋은 친구는 살아있는 친구다
  오늘 아침은 개망초가 손자 증손자들까지 모두 끌고 나와 나를 반긴다
  나도 신난다. 신이 풀이다

제비꽃

가을보다 이른 봄에 네가 떠난 것을 안다
무덤가에 핀 작은 너의 미소
이것이 작은 강아지 별이나 이별은 아니지
그러니까 이 큰 우주에 너같이 하찮은 웃음과 눈물이
무덤가에 이 많은 눈과 목이 되는가
제비꽃도 할미꽃도 나이도 구름도 다 갔다 오는
봄의 되돌이표

꿈이 시인이다

꿈이 나를 만든다
꿈이 나를 시인으로 만들었다
돈 끼호떼가 나를 스페인 시인으로 만들었다

팔할이 꿈과 바람과 달
눈을 감아야 우주가 보인다
은하수가 베개 밑에 와서 눕는다

코스모스

가을은 갈수록 목이 길어진다
갈수록 하늘이 높다
신작로에 늘어선 노란 기다림 하나 둘

대머리

80이 넘어
호랑이도 장미도 화단도 그 좋은 군단도
다 사라진 것을 장군은 안다
사라진 색깔을 노을이 색칠해도
땅거미 기어 나오고
그믐달 미소 지어도 속눈썹이 없는 것을 안다
무지개는 허공에 낚싯대 하나
천 길 낚싯대 끝
대머리, 바가지, 혹은 박넝쿨
어느 제비가 있어 박씨를 물고 오나?

인기 없는 시인

시인은 인기가 없다
이 말 하면서도 당당한 건
당이 있거나 타당한 이유에서라기보다 자존심
자존심이 밥 먹여 살리냐, 아내가 다그치면
모든 시인은 시부렁 시부렁 사라진다
밤 시간까지 어디 밤나무 밑에서 어린 시절을 줍다가
그걸 밥상에 내려놓아도 거들떠보지 않는다
누가 밤 먹고 사냐? 누가 밥 먹고 사냐?

시인은 시간을 모르고 아침인 줄 안다
시인은 시간을 모르고 봄인 줄 안다
낙엽이 아무리 져도 시인에게는 단풍이다
물에는 불을 지른다. 장미를 누가 보는가
이쁜 여자 생기면 하나 보면(안아 봐?) 되지
이 말을 하면서도 당당한 건
타당한 이유보다 이미 탈당한 이유
시집 좀 팔려고 티비에 나갔다가 얼굴만 팔리고 쪽팔려서, 하아

사실 고백 하나 하자면, 내 시가
가랑잎 하나 웃겼으면 좋겠다
여울목 울음 걸쳐 놓고
벚꽃 하나 팝콘 터뜨렸으면!

단풍놀이

너의 입술은 불맛
골짜기가 불탄다
아래로 터지는 물소리

쓰레기

쓰지 않는 것은 쓰레기
쓰레기는 버린다
다 버리고 남은 목숨 하나
하늘에 용도를 물을까?

사실 쓰지 않은 것이 크다
나의 숨소리나 심장 박동 소리
나를 살리는 것은
쓰는 것보다 쓸 수 없는 것

쓰다 달다 말고
시나 쓰고
먹고 마시고 숨 쉬어!

베짱이

국화 향기를 맡고 있는데
코 앞에 베짱이 한 마리 앉아 있다
베짱이가 이 가을에 무슨 향으로 베를 짜는가
국화꽃에 요즘 벌은 오지 않고
벌보다 벌레와 파리가 낀다
그러니까 베짱이는 향을 찾아온 게 아니라
여치 대신 요 벌레 같은 놈들을 노리고 왔다?
여치는 노래를 짠다
베짱이는 베를 짠다
어릴 적 한밤중에 베짱이가 내 방에 찾아오곤 했지
베짱이는 노래 대신 창에 높은음자리표를 그리곤 했다
그때부터 나는 시를 그리기 시작했다
내가 시를 쓰는 것은 노래를 하고 싶어서가 아니다
베짱이처럼 배짱으로 돈을 벌고 싶어서도 아니다
그냥 심심풀이 꿈을 짜고 그리움에 빠지고
가을보다 서리보다 더 쓸쓸한 나이
나이의 베를 짜는 베짱이
하늘 보며 국화 옆에 서 있다

아침마다 환생

매미가 허물을 벗고 나온다
나른다, 기분 최고!
나의 여든 번째 하루 환생은 이렇게
서울 삼성동 기독회관 3층에서 시작한다
나의 매미의 노래는 시인들의 귀를 뚫는다:
나는 꿈속에서 굼벵이었다
깨어나니 나, 용태
장자여, 나는 누구인가
굼벵이의 꿈 속의 나?
굼벵이 되는 꿈을 꿈꾸었다고 하는 용태?
매미 소리 일상의 시멘트를 뚫는다
시멘트 틈에서 개망초가 나온다
개망초, 개새끼, 너는 누구?

시간의 기원과 기적

  우주 탄생 초기의 주변 온도와 빛의 차가 10만 분의 1이었다
  만약 1만 분의 1이었다면 우주는 블랙홀이 되었을
  100만 분의 1이었다면 아무것도 없는 텅 빈 공간이었을
  여기 기적이라기에는 너무 소리가 없는 기차가
  문득 따스한 만남과 기적 소리로 자리한 것
  그러니까 이 책을 쓴 토마스 헤르토흐(박병철 역)나
  거기 이야기하는 동료 스티븐 호킹이나
  그 이야기를 하는 "동아일보, 2023년, 12월 23일, 19쪽" 칼럼을 읽고 있는 나
  이 모든 것이 10만 분의 1의 우연이 인연이 기차가 되어
  크리스마스 전야의 불을 밝힌다
  사실 눈도 없는 어둠 속에 문득 태어난 불, 따스하다
  우주는 우리 모두 따스함의 아들, 물, 풀, 별, 나무, 나 그리고 하늘

갈대꽃

꽃이 아니다 마른 잎이 아니다
비탈에 선 눈발
만남보다는 헤어짐으로 핀 꽃
한 달에 한두 번 달 보다 말다
구름 되어 속눈썹 위에 떠 있는
영원보다 가벼운
너무 가벼워 눈물이 도는

고향에 가면

고향에 가면 안 보이는 사람들이 반긴다
누구는 어떠냐고 묻지 않는다
쑥대밭에는 바람이 쑥쑥 큰다
상춧값이 똥값처럼 흙에 묻히고
사람들은 인사 대신 주먹을 내민다

고향에 가면 가장 가까운 것이 가장 멀리 있는 것을 본다
여울목엔 피라미 대신 목울음이 주먹을 내민다

111세 이딸리아 노인

   111세를 산 뜨리뽈리 자니니가 1월 1일 하루 전 사망했다
   하루 하루를 하늘의 선물로 산
   성인보다 선인인 신선 이딸리아 노인
   신선을 모르는 자니니는 자신이 불멸의 존재라고 믿었다
   하기야 지금 누가 살아있는 자신을 사멸의 존재라고 느끼는가?
   지금 누가 웃고 숨 쉬는 귀신을 그만 자빠지리라 느끼는가?

   111세 자니니 할아버지는 1월 1일 하루 전 돌아가셨다
   그의 장수 비결은 "와인과 가벼운 식사"
   와인 한 잔이 1월 1일 81세 나의 생일 선물
   먼저 가신 선배님, 브라보, 먼저 잘 갔다 오시오

시와 술

이태백과 내가 술 먹으면 하나인 것은
(둘 사이 나이 차이가 있지만)
술 먹으면 나이 차이 없다. 달과 이태백, 우리, 동갑내기 하나
벚나무까지, 버들가지 잡고 휘어지는
한 삼 십대 초반 청춘이랄까, 그러니까 술 안 먹으면
허리가 휘지 않고 어느 다리 하나 비틀거리지 않는가?
잘 선다고 어디 경비원 서 달라는 데도 없는
빈 들판 바람 소리 필하모니 오케스트라
망년 음악회는 우리 취향 아니다
이태백과 나 술 먹고 늘 한 삼 십대 실버들
기다리다
달 안 나오면 말고

해바라기

우리 헤어지듯 만나요
헤어 샵에서 머리 자르고 나오듯
산뜻하게, 헤어지듯
블라우스가 해진다고 포옹이 안 되나요?
해 지면 어둠이 더욱 아늑하죠
만나도 안 만나도 노을이 붉어요
우리 키스에는 애도 울지 않아요
달 없어도 가로수 가랑잎으로 충분하죠
비 온다고 울 필요는 없어요
내일은 눈이니까
눈 온다고 눈사람 눈을 파면 안 돼요
눈에는 솔방울
눈물방울은 안 돼요

하루 하루 참 좋은 하늘

땅거미와 함께 개천이 반딧불에 불을 켠다
반딧불은 손에 잡아도 좋은 하루
작고 맑고 밝게
아무렇지도 않게 허공을 날아다니는

반딧불이는 다슬기를 먹고 산다
다슬기 슬기가 작은 빛을 발한다
반딧불이는 일상의 연금술사
땅거미 거미줄 아파트에 반딧불이 켜진다

*운문(雲門)선사(864-949, 당나라)의 선시를 생각하며

이구아수 "악마의 목구멍"

　페루에서 온 소녀를 이구아수 폭포에서 만날 건 또 뭐람?
　쏟아지는 물줄기 사이 가까스로 보금자리 깔고
　물새 한두 마리 퍼덕이는 가슴 아우성을 지나
　아뿔사, 이건 또 무슨 벼랑?
　"싸랑해!" 소리에 미끄러지는
　하늘과 소나기 박치기 물줄기
　"난 몰라, 난 몰라!"
　물줄기 속 예쁜 악마의 아우성
　여기 지금
　원죄는 무죄다!

주먹은 머리가 없다

머리는 갈라놓는다:
좌팔 우팔, 좌파, 우파
가슴은 합친다, 모두:
Hug!
껴안아!

4부

아침 밥상

구름을 밥상 위에 올리면
햇살이 입을 댑니다, 아침이니까요
하루야 직장 생활 바쁨과 누더기 속에 떠다니지요
계속 빨리 빨리 돌아가는 돈의 부르짖음에
돈의 도시는 비도 비도덕도 없는 북덕수입니다
아파트며 빌딩이며 텔레비전 집이 떠내려가고
나는 가만히 누워서 80살입니다
누웠다 보면 시체가 가만히 나를 찾아온 거고
나는 밥상을 청합니다
야 밥 가져와!
다들 일 나가고 빈 하늘이 짓습니다

띠풀

노을이 길에 피를 뿌리고 간 자리 띠가 보입니다
아침에는 띠를 풀고 햇살로 피어나겠지요
띠풀이 많은 어린 시절은 달콤한 삐비가 봄맛이었지요
해 뜨는 들판이나 해 지는 묘지에는 삐비 천지였어요
삐비는 남녘에만 있어요. 서울이나 도시 들녘에는 없어요
삐비꽃이나 띠풀, 금방 약 뿌려도 죽지 않는 풀이 살아요
작은 풀씨들은 번성도 잘하고 잘 죽지도 않아서
벌초하는 우리 선무 아제나 할아버지에게는 골칫거리지요
추석 성묘 때는 띠가 많이 사라졌겠네요
벌초 대신, 벌 대신, 또 누구 별이 되었다는 소식이 날아올 지도…

비

바빠 죽겠는데
엄마는 또 왜 죽는다고 그래?
그래서 엄마는 3일을 더 살았다
장례식은 서울대 병원인데 조문객이 엄청 많이 왔다
입관식 날은 비가 엄청 많이 오고…
낼 골프인데 비가 오고 지랄이야
그러나 다음날 골프채에도 벼락 치지 않았다.

무지개

바다가 고플 때
광안리로 가라
장미 스포츠카에 하늘을 달고
시속 팔천 킬로 폭포를 친다
사랑은 쪽빛 파도처럼 굽이치라
해는 파라솔 들고 밖에서 기다려
가슴과 가슴 부둥켜안고 뒹구는 파도
갈매기 소리치라
하늘 끝 소나기 거꾸로 세워!
!

둠벙

둠벙에 풍덩
하늘 한 모금 푸아아
하늘 물로 논밭 일구고
하늘 땅 보고 살던 마을에는
웅덩이도 엉덩이도 풍덩이도 다 푸르렀다
둠벙에 풍덩 빠지면
붕어들 화들짝
겨드랑이 사이 파고들어
낄낄 깔깔 사랑 나누기
천수답 샘물은 빨아도 빨아도 목이 말라
아래로 아래도 파고든다 붕어를 잡는다
붕어는 확 잡으면 도망가지
살 살 별을 어루만지면
둠벙은 스스로 안으로 안긴다
온 세상의 물과 별이 맹물인 것을 안다
둠벙은 멍 때리기 명상
고요와 이끼 하늘 품고 하나 되기

프랑코 시절 스페인

양고기를 놓고
신부는 포크와 나이프를 휘두른다
뻘건 살고기를 질겅질겅 씹으며
베트남 전의 "인류 평화, 평화!"를 부르짖는다
이빨에서 튀기는 핏방울을 피해 고개를 숙이고 맹물을 찾던 나
흰 냅킨이 백기를 들고 땅에 떨어진다.

마드리드 단풍잎

로마에 휴일이 오듯
마드리드에 단풍이 오는 날은
크리스탈 잔에 와인 한 잔
미소, 담소 말 한 두어 마디
이름도 없는 하얀 치아
보름달처럼 환했다
달을 가리는 입술의 한순간
황홀이 커텐을 쳤다
아이, 아이 생기면 어떡해?
낳으면 되지
나 내일 캐나다 떠나
거기 단풍 많지?

해마다 단풍은 피고 지고 피고
머리카락 하나 두고 떠난 그녀
그 후 단풍 엽서 하나 보냈다
캐나다 단풍이 온통 자기 얼굴뿐이야

비야 비야 비야

세월이 좀 먹냐? 술 먹어!
이렇게 우리는 또 한 잔, 또 한 살 먹었다
어렸을 때는 그게 기뻤다
떡국 하나 먹고 나이 한 살 더 먹고
내 키보다 높아가는 나이를 보고
나는 높은 연 끈에 끌려가는 소년처럼 울었다
내 내 연 좀 잡아줘요

시계 속에서 좀이 시간을 갉아먹는다
시계추에서 금가루가 쏟아진다
하루 하루 금 비가 쏟아지다
벼락이 친다
아, 비야 비야 비야
비아그라 먹어, 세월이 좆 먹냐?

ㅅ자 돌림굿

산다, 산다, 산이 좋아
해가 뜨잖아
히틀러가 백 번 가도
해는 뜨고
트럼프과 푸틴이 백 번 가도
풀은 솟고
소나무가 울어도
서리가 내려도
솟대가 솟잖아
솟아라 솟아라
해야 솟아라

지푸라기

그림 같은 집이 아냐
짚이야, 지푸라기 햇살이
할 일 없이 자빠져
하루여도 좋은 온종일이어도 좋은
너의 머리칼 너의 볼

동백꽃 아가씨를 부른 아가씨도 아카시아가 되고
아카시아는 거리가 되고
가슴은 가슴은 다 지푸라기가 되고
논에는 지푸라기가 없다
아무도 별을 가꾸지 않으니까

별 아니면 발이라도
챙겨야지, 챙 없는 모자나 건들거리면
하늘이 밤 들고 오냐? 은하수 들고 와?:
들고 오는 건 고작 눈송이와 고독과 고드름

시인의 시간

시인은
몇 시인가
0시의 밤하늘 별만큼 많은
"바람과 함께 사라지다"가 끝날 무렵
리즈 테일러의 미모가 사라지고
먼 봄날을 회상하는 구름이나 주름살?
아니면, 죽어도 이혼하지 않겠다던 아내가 죽어
무덤 앞에 큰절을 할 무렵?
시인은 가벼운 발걸음으로 사랑을 노래하고
뻐꾹새 목을 비트는
밤 0시?
아니면 24시?

하루 해는 두 번 뜨지 않는다
영원은 없다 다 사라진다
이 말 또한 사라진다

나무늘보

나무보다 느린 나무늘보
나무는 하루 한 번 물을 빨아들여
나뭇잎을 푸르게 반짝이게 한다
나무늘보 하는 짓은
하루에 이파리 석 장 먹고
빙그레 웃음 하나
한 주에 한 번 땅에 내려와
빙그레 똥을 눈다
냄새를 맡고 잎사귀로 덮고 웃는 시간은
하루 반나절
앉아 있던 나무로 다시 올라가기까지 한나절

가지에서 움직일 때도 이웃 매미 깨지 않게
나비 잠을 다 잘 때까지 기다린다
나무늘보는 하루 15시간 잠을 잔다
몸에 이끼가 끼고 등에는 곤충과 나비가 자란다
나무늘보는 걸어 다니는 동식물원
기원전 6천만 년 전부터 살아온 지혜는
하루 이파리 석 장, 적게 먹고 적게 움직이고 늘 웃는
나무 위 나무, 늘 거기, 늘 푸른
나무 연꽃, 목련(木蓮)꽃

강우식에게
- "눈을 위한 에뛰드"를 읽고

첫눈 같은 첫사랑이
누구 눈에 눈이 아니겠는가
눈은 옛사랑도 없고 내일도 없어
자네 눈 내 눈에 안개가 낀 것은
실은 그게 시간의 눈발이여
비틀걸음 막고
울지 말고 발 잘 딛고
눈발 같은 무명옷은 멀리하고
(자네와 나는 눈 같은 신선 핏줄이여, 하하)
눈은 늘 현재
어이, 거기, 막걸리 부어
아니면 눈이나 퍼질러 붓든지

스타게이트

별 가는 길은 꿈길
북두칠성은 국자
꿈을 한 사발 뜬다
꿈에 물이 없다고?
은하수에 물이 없다?
꿈에 오줌 싸는 아이
이불 안 젖어?

채식주의자

초침 시침에도
시치미 떼고
시금치 먹는다
뽀빠이 힘내라고

벽시계는 벽이다
당근 먹듯 고추 먹듯
저녁은 노을을 먹는다
눈물 찔끔거리며

알프스 소녀 하이디

눈길을 밟고 목에 올라타던 하이디는
지금 30년 전 입던 셔츠를 입고 나간다고 소리치는 소녀
소녀는 두 볼에 앵두 대신 솔방울, 머리에 흰 눈을 달고
혈압약, 당뇨병약은 챙겨 먹었냐고 날마다 나더러 다그치다

한밤중 너구리가 내려오는 산자락 빌라에서
소녀는 80 넘은 할아버지 남편 장례보험이 안 된다고 온종일 투덜댄다

36세

내 머리는 80
내 체온은 36
내 체력과 체험
나는 몸으로 산다
숨이 가쁘다. 오른손을 든다
숨이 가쁘다. 왼손을 든다
두 손 들고 자수한 내 나이
나는 뇌사보다
심장사를 믿는다
내 짱구보다 내 체온을 믿는다
이 체온 다 식을 때까지
나는 영원히 36세!

귀뚜라미

귀가 좋지 않아
귀뚜라미 소리가 요즘은 잘 들리지 않는다
와인 한 잔 들면 더러 소리가 그리워지다가도
이내 그리움도 발을 멈춘다
소녀가 마녀가 된다?
옛 애인 만나도 흰머리
아니라고 손을 저어도 손보다 안개가 더 짙다
아니라고 가다 보면
아닌 길이 내 길이 되고
부뚜막에서 울던 귀뚜라미가
문설주 잡고 울던 귀뚜라미가
시 속에서 소리 없이 운다
귀가 나빠 고함쳐도 고향은 없다

세상은 ㅅ 자가 둘이다

삶이 죽음보다 좋다
점잖음보다 시시함이 ㅅ이 많다
줄기나 줏대보다 이파리, 꽃이파리가 나다
나무다. 나는 없어도 누리는 푸르다
그게 낫다. 그게 나다.

술 한 잔 먹고 자빠져봐
잠이, 죽음이 땅 따라 오지
길가 가로수 어깨를 잡아주기 전에는
서산에 해 넘어가는 걸 봐
해 뜨고 지고… 참 시시하지?

룸바

이름이 루시
카르멘과 함께 온 하얀 블라우스 소녀
내 친구 루이스는 네 맘에 꼭 드는 미녀라고 손을 쥐어 주었다
파트너 루시는 선녀의 옷 별빛 눈동자
나를 안고 날았다
나 룸바 출래
루시가 음악을 탔다
소리와 춤이 줄을 타고 기어올랐다
룸바니 룰라니 루마니아니. 거기서 거기
우리는 마침내 루이스의 작은 아파트에 누워 있었다
그다음은 이야기할 수 없다
한밤중 루시가 너무 목이 말라
내 입술을 찾은 것?

검은 스테이크

모니카는 세컨드로 만족한다고 했다
고 3때 연애해서 아들 하나 있으니까
그러니까 불만은 여름 방학에 여행 한 번 안 데리고 가냐는 거
하루는 털털거리는 내 빨간 Seat 133을 몰고
(집에는 태권도 제자들 야외 연수라 뻥치고)
마드리드 근교 Gredos인가, 뭐 비슷한 곳으로 소풍을 갔다
우리가 머문 곳은 (이제 고백하지만) 내 고향 화순 청풍 냇깔 같은 곳
오다가 고깃집 들려 스테이크 고기는 사 왔지
문제는 약간의 생선이었는데, 그건 내가 어린 시절부터 피라미 낚시꾼이라
거기 냇가에서 뭐 좀 낚아서 멋지게 실력을 보여주려고 했지
약속이 안 맞았는지, 낚시에 송어는 얼굴도 안 보이고
버들가지만 낚싯줄을 물고 늘어지고…
배고프다고 소리치는 모니카의 배를 달래려
멋지게 자연산 스테이크를 구우려는데
이런, 마른 가지가 눈을 씻고 보아도 없다
불에는 생솔가지가 최고여(청풍 시절의 용태의 지혜)!
끝내 멋진 요리사의 스테이크는 시꺼먼 연기에 그을은 숯덩이

그러나 그걸 맛있게 씹어먹은 모니카의 예쁜 입:
한국식 스테이크는 약간 매콤하면서 맛있다, 그치?
그중 가장 맛있는 고기 맛은
약간 검게 일그러진 너의 입술
시커멓게 문드러진 입맞춤!

통영

산골짝 다람쥐 아기 다람쥐
아들 김철민 시인의 초대로
동양의 베니스 통영을 갔다
통영의 바다는
"여린 물결에 이는 바람 소리도 음악"
윤이상이 출렁이는 물가
어느 시골에서 날아온 나이 어린 여린 소녀가
바람보다 가볍게 다가와 나를 간지럽힌다
파도여, 모래여
파도는 말과 발을 핥는 천년의 유혹
하늘 한가운데
때아닌 반달이 떴다

가을 시

초판 1쇄 발행일 2025년 11월 21일

지은이 민용태
펴낸이 곽혜란
편집장 김명희
디자인 김지희

도서출판 문학바탕
주소 (07333) 서울시 영등포구 여의대방로 379 제일빌딩 704호
전화 02)545-6792
팩스 02)420-6795
출판등록 2004년 6월 1일 제 2-3991호

ISBN 979-11-93802-26-7 (03810)
정가 13,000원

* 이 책의 저작권은 저자에게 있으며 이 책의 전부 또는 일부를 이용하시려면 저작권자의 서면동의를 받아야 합니다.
* 이 책은 국립중앙도서관, 국회도서관 홈페이지에서 검색 가능합니다.
* 문학바탕, 필미디어는 (주)미디어바탕의 출판브랜드입니다.